PLANETA ANIMAL

EL TIGRE

POR VALERIE BODDEN

CREATIVE EDUCATION · CREATIVE PAPERBACKS

Publicado por Creative Education
y Creative Paperbacks
P.O. Box 227, Mankato, Minnesota 56002
Creative Education y Creative Paperbacks son marcas
editoriales de The Creative Company
www.thecreativecompany.us

Diseño de The Design Lab
Producción de Rachel Klimpel y Mike Sellner
Editado de Alissa Thielges
Dirección de arte de Rita Marshall
Traducción de TRAVOD, www.travod.com

Fotografías de 123RF (Isselee), Alamy (Peter Maszlen,
surasak suwanmake, Suretha Rous), Getty (Schafer &
Hill, toni), iStock (GlobalP, Puttachat Kumkrong, Sourabh
Bharti, Vinod Bartakk), Shutterstock (Dennis van de
Water, Eric Isselee, Martin Mecnarowski, Nachaliti,
slowmotiongli, Vaclav Sebek)

Library of Congress Cataloging-in-Publication Data
Names: Bodden, Valerie, author.
Title: El tigre / by Valerie Bodden.
Other titles: Tigers. Spanish
Description: Mankato, Minnesota: Creative Education and
Creative Paperbacks, [2023] | Series: Planeta animal
| Includes index. | Audience: Ages 6–9 | Audience:
Grades 2–3
Identifiers: LCCN 2021061147 (print) | LCCN
2021061148 (ebook) | ISBN 9781640266827 (library
binding) | ISBN 9781682772386 (paperback) | ISBN
9781640008236 (ebook)
Subjects: LCSH: Tiger—Juvenile literature.
Classification: LCC QL737.C23 B643418 2023 | DDC
599.756–dc23/eng/20211222
LC record available at https://lccn.loc.gov/2021061147
LC ebook record available at https://lccn.loc.
gov/2021061148

Tabla de contenido

El tigre es el único de los grandes felinos que tiene pelaje rayado.

El tigre es uno de los grandes felinos. Vive en la naturaleza. Antes había nueve tipos de tigres. Pero algunos se extinguieron. Actualmente, solo quedan seis tipos de tigres. Todos están en peligro de extinción.

en peligro de extinción planta o animal que tiene muy pocos miembros vivientes y que podría desaparecer por completo

Las patas grandes de los tigres les ayudan a nadar bien.

LOS tigres normalmente son de color naranja con rayas negras. Algunos son blancos con rayas negras, pero esto es raro. Todos los tigres tienen pelaje blanco en la panza, la garganta y las patas. Los tigres tienen dientes grandes. Tienen garras filosas y largas.

raro poco común o inusual

El tigre es el felino más grande del mundo. Si el tigre se parara sobre sus patas traseras, ¡sería más alto que un humano adulto! Los machos pueden pesar más de 500 libras (227 kg). Las hembras son más pequeñas.

Cada tigre tiene un patrón de rayas irrepetible.

Los tigres que viven en lugares nevados tienen un pelaje grueso.

LOS tigres viven en los bosques de Asia. Algunos bosques son fríos y tienen mucha nieve. Los tigres que viven allí tienen un pelaje grueso para mantenerse calientes. Otros tigres viven en pantanos calurosos. Se refrescan en el agua. Los tigres son buenos nadadores.

pantanos áreas de tierra húmedas y con muchos árboles

Los tigres acechan y saltan sobre su presa.

Todos los tigres comen carne.

Son cazadores poderosos. Comen **presas** grandes como venados y cerdos. Algunos tigres también cazan monos. Los tigres normalmente no cazan gente. Pero sí atacan a las personas si se acercan demasiado.

presa un animal que es cazado por otro animal como alimento

Los cachorros de tigre se esconden mientras su madre caza el alimento.

Una tigresa tiene de dos a cuatro cachorros a la vez. Al principio, los cachorros beben la leche de su madre. Después, ella les enseña a cazar. Los cachorros abandonan a su madre cuando tienen tres años de edad. Los tigres salvajes pueden vivir entre 10 y 15 años.

cachorros tigres bebés

Los tigres adultos viven solos. Duermen la mayor parte del tiempo. En la noche, se despiertan. Si tienen hambre, cazan alguna presa. Los tigres pueden ver bien en la oscuridad.

Los tigres a veces descansan entre el pasto alto.

Los tigres hacen diferentes sonidos. Pueden hacer un resoplido silencioso por su nariz. También pueden gruñir con la garganta y con la boca abierta. Y pueden rugir muy fuerte.

Un tigre puede rugir para decirles a otros tigres que se alejen.

Actualmente, hay muchos tigres en los zoológicos. A la gente le encanta observar a estos grandes felinos mientras comen, duermen y juegan. Es increíble ver a estos animales de cerca.

Mucha gente va a los zoológicos a ver tigres y otros grandes felinos.

Un cuento del tigre

¿**Por** qué los tigres tienen rayas? En Asia, la gente contaba un cuento sobre esto. Decían que un tigre le pidió sabiduría a un hombre. El hombre tenía que viajar muy lejos para conseguir la sabiduría. Él no quería que el tigre se comiera a sus cabras mientras se ausentaba. Así que usó cuerdas para amarrar al tigre a un árbol. El tigre forcejeo con las cuerdas para escapar. ¡Las cuerdas se clavaron en su pelaje y le dejaron las rayas marcadas!

Índice